DÉFICIT DE ATENÇÃO COM HIPERATIVIDADE

Coleção SAÚDE DA MENTE

COMO LIDAR COM O DÉFICIT DE ATENÇÃO COM HIPERATIVIDADE

2ª edição

astral cultural

Editora Natália Ortega
Editora de arte Tâmizi Ribeiro
Produção editorial Ana Laura Padovan, Andressa Ciniciato e Brendha Rodrigues
Revisão João Rodrigues
Capa Agência MOV

Dados Internacionais de Catalogação na Publicação (CIP)
Angélica Ilacqua CRB-8/7057

C728 Como lidar com o déficit de atenção e a hiperatividade / Astral Cultural. – 2. ed. - Bauru, SP : Astral Cultural, 2023.
128 p. (Coleção Saúde da Mente)

ISBN 978-65-5566-424-9

1. Distúrbio do déficit de atenção com hiperatividade - Obras populares 2. Saúde mental I. Série

23-5453 CDD 618.928589

Índices para catálogo sistemático:
1. Autoajuda

BAURU
Rua Joaquim Anacleto
Bueno, 1-42
Jardim Contorno
CEP: 17047-281
Telefone: (14) 3879-3877

SÃO PAULO
Rua Augusta, 101
Sala 1812, 18º andar
Consolação
CEP: 01305-000
Telefone: (11) 3048-2900

E-mail: contato@astralcultural.com.br

APRESENTAÇÃO

O Transtorno do Déficit de Atenção com Hiperatividade (TDAH) é um distúrbio neurobiológico que se manifesta principalmente em crianças, mas que nos últimos anos vem sendo mais comumente diagnosticado em adolescentes e adultos.

Este livro propõe um mergulho nesse universo para compreender as implicações do transtorno e tirar as dúvidas mais comuns a respeito da realidade de quem convive com ele. Quais são os primeiros sintomas e os tipos de

TDAH? A escola tem papel essencial no desenvolvimento dessas crianças? Como os pais devem conduzir a educação dos filhos? Na vida adulta, quais atitudes são facilitadoras no dia a dia?

Aqui, foram reunidas diversas informações que podem complementar o tratamento e as terapias adequadas para o transtorno. Que a leitura das próximas páginas permita um novo olhar sobre esse mundo às vezes desatento e hiperativo, mas repleto de possibilidades.

SUMÁRIO

1

INTRODUÇÃO

"Rebelde", "ligada no 220", "avoada" e até mesmo "malcriada". Esses são só alguns dos termos mais popularmente usados para se referir a uma criança com comportamento bastante ativo, desatento e com dificuldades para acatar regras.

Contudo, por mais comuns que possam ser em determinada faixa etária, essas características podem ser indícios do Transtorno do Déficit de Atenção com Hiperatividade (TDAH), uma doença neuropsiquiátrica crônica que, normalmente, surge na infância, mas que pode acabar acompanhando o indivíduo ao longo de seu desenvolvimento.

Podemos atribuir às crianças um cérebro incansável: apesar de a capacidade racional aparecer um pouco ofuscada por reações mais emocionais, é durante essa fase que a mente está mais ávida por conhecimento, afinal tudo é novidade.

Um cérebro que ainda está em desenvolvimento tem maior capacidade de adaptação e de aprendizado em comparação ao de uma pessoa madura. Pessoas mais velhas podem aprender, mas perdem a vantagem natural do tempo, assim, com o avanço da idade, a aprendizagem requer muito mais esforço para se efetivar.

Porém, o bom funcionamento do cérebro de uma criança depende de muitos fatores, entre eles as condições estruturais dos neurônios associadas ao próprio desenvolvimento do órgão. Ou seja, o nível de maturação — ou evolução — cerebral é controlado e acontece relacionando elementos genéticos e ambientais. Já no que se refere à comparação de um cérebro infantil com diagnóstico correto de TDAH ao de uma criança sem o transtorno, as diferenças são bastante sutis e não estão relacionadas a menor ou maior inteligência.

Definição

De acordo com a Associação Americana de Psiquiatria (APA), o Transtorno do Déficit de Atenção com Hiperatividade é uma condição neurobiológica que atinge cerca de 5% a 8% da população mundial — no Brasil, segundo dados da Associação Brasileira do Déficit de Atenção (ABDA), cerca de dois milhões de brasileiros são acometidos pela doença.

Caracterizados por capacidade de atenção diminuída, impulsividade e hiperatividade, os primeiros registros médicos do transtorno são do final do século XVIII, quando o clínico escocês Alexander Crichton identificou o quadro em 1798. Porém, a compreensão sobre o distúrbio não foi imediata.

Ao longo da história, as manifestações, os sinais e os sintomas já receberam diferentes nomes, conforme se aprofundava o conhecimento sobre o transtorno. Durante os séculos, ele já esteve relacionado a problemas morais, deficiência e disfunção cerebral, entre outras características. Somente na década de 1980 o Transtorno do Déficit de Atenção com Hiperatividade recebeu esse nome e as classificações como conhecemos hoje.

Atualmente, após longas contribuições de médicos renomados como George Still (1868—1941) e Alfred Strauss (1876—1963), os estudos científicos comprovam que os pacientes com TDAH apresentam alterações na região frontal do cérebro e em conexões com outras áreas. Esses locais são responsáveis por inibir comportamentos inadequados, pelo foco e também pela atenção, além da capacidade de organização e planejamento do indivíduo.

Os neurotransmissores noradrenalina e dopamina, encarregados de transmitir informações entre os neurônios, encontram-se alterados, o que acaba desencadeando os sintomas. Nesse contexto, a dopamina está envolvida no controle da atividade motora, na regulação de humor e ansiedade, enquanto a noradrenalina relaciona-se ao sistema de alerta e ainda a problemas de sono, além de funções de defesa do organismo.

Devemos entender, portanto, que ambas trabalham unidas, e quando há deficiência em qualquer neurotransmissor, as áreas cerebrais em que a presença delas seja muito importante podem não funcionar adequadamente.

Tipos de TDAH

Dentro de um quadro de Transtorno do Déficit de Atenção com Hiperatividade, é possível haver predominâncias diferentes ou então combinadas, sendo elas: TDAH com predomínio de sintomas de desatenção; de hiperatividade-impulsividade; e combinado. Todas, porém, são definidas como uma perturbação neurobiológica.

O indivíduo diagnosticado com o transtorno puramente desatento costuma ser tímido, de comportamento introspectivo, de pouca iniciativa social, às vezes vítima de bullying e com sinais de desinteresse para conseguir se engajar em atividades que exigem prazos e obrigações.

Esse perfil, em geral, não dá trabalho na escola, no que tange seu comportamento, mas pode apresentar baixo rendimento em leitura, escrita e aritmética, por excessiva desatenção e baixa persistência para cumprir sequências. Esse tipo de TDAH também pode levar a problemas de baixa autoestima, já que a criança se sente frequentemente incapaz e abandonada.

Por outro lado, quando falamos do tipo hiperativo-impulsivo, temos alguém extremamente extrovertido, às vezes inconveniente e de comportamento invasivo socialmente. No caso do diagnóstico infantil, se a escola não estiver preparada para lidar com o transtorno, a criança pode ficar marcada por causar muitas desavenças e problemas em sala de aula.

Nesse perfil, os problemas de rendimento até existem, mas são proporcionalmente menores se comparados ao comportamento. Afinal, os colegas de sala podem ter que lidar com reações agressivas, explosivas e intolerantes à frustração. A oscilação de humor e o desejo de querer tudo de imediato também podem gerar conflitos.

Muito pior acontece no caso do transtorno combinado, o qual resulta em uma criança mais agitada, com dificuldades em se concentrar em tarefas únicas e em avaliar seu próprio comportamento impulsivo e, por vezes, insubordinado às regras sociais.

De acordo com um comunicado da ABDA, todas essas distinções podem ocasionar um sofrimento futuro no indivíduo.

O diagnóstico de TDAH é mais comum em meninos, mas é importante que os profissionais estejam atentos para que não haja confusão ao determinar o quadro do paciente. Por exemplo, os transtornos do humor podem se apresentar com redução importante na capacidade de atenção, concentração e memória, e nos mais depressivos e melancólicos podem se confundir com o Transtornos do Déficit de Atenção sem Hiperatividade-Impulsividade. Enquanto nos quadros ansiosos, ocorre semelhança com o tipo desatento e agitado.

Além disso, é preciso ficar atento também que a tristeza não é o único sintoma dos transtornos, podendo prevalecer desinteresse ou irritação, principalmente em crianças, proporcionando um comportamento muito semelhante ao do TDAH.

Exclusividade das crianças?

Na verdade, não. O Transtorno do Déficit de Atenção com Hiperatividade tende a aparecer durante a infância, mas pode se prolongar ao longo de diversas fases do indivíduo — ou mesmo só ser diagnosticado de forma tardia, o que tem acontecido com mais frequência nos últimos anos.

Isso, porém, não significa que o transtorno permaneça imutável com o passar do tempo. O TDAH na adolescência, geralmente, é uma extensão do transtorno na infância, com os agravantes deste momento da vida, que desperta uma série de questões específicas ligadas ao interesse sexual, comportamentos opositivos e reivindicatórios mais frequentes, desafios às regras familiares e maior intensidade na vivência das emoções. Dessa maneira, o tratamento é feito, com psicoterapia e inserção de medicamentos quando necessário.

Da mesma forma ocorre quando o distúrbio permanece na fase adulta — o que muda é a maneira como o problema se manifesta. Como as responsabilidades e as exigências só aumentam conforme se avança na idade, o ideal é que a investigação do transtorno seja feita o quanto antes, assim que houver a percepção de sinais e for possível iniciar um acompanhamento.

As causas do transtorno

É provável que você conheça histórias sobre crianças que mal conseguem se sentar ou ouvir qualquer coisa por muito tempo. Elas perdem o controle facilmente, além de possuírem um grau de agitação fora do comum e dificuldade em concluir diversas atividades — muitas vezes, deixando os pais sem saber o que fazer. Parece uma realidade quase impossível de ser modificada e a primeira reação é pensar que elas são mal-educadas e necessitam mesmo é de limites estabelecidos por seus adultos cuidadores. Porém, basta o diagnóstico correto do Transtorno do Déficit de Atenção com Hiperatividade para perceber que, na maioria das vezes, elas precisam de acompanhamento com profissionais indicados para que esse quadro possa ser transformado.

Ainda assim, muitos pais não reconhecem o transtorno no filho justamente porque alguns de seus sintomas são comuns no dia a dia das crianças. Frenquentemente há análises como: "esquecimentos acontecem", "agitação é normal", "quem nunca esteve desatento em algum momento?". Contudo, é a intensidade que vai diferenciar essas ocasiões comuns da vida de qualquer indivíduo, especialmente na infância, e a demonstração de um sintoma de TDAH.

Principais explicações

Pessoas desatentas possuem sintomas de alteração da atenção, porém a intensidade geralmente é bem menor. Não apresentam a hiperatividade associada, a impulsividade, as alterações cerebrais ou um transtorno genético. Já quem possui TDAH tem uma alteração de origem genética que se manifesta logo na infância e requer diagnóstico e tratamentos adequados para que possa manter os sintomas sob controle e tenha um convívio social, escolar e familiar saudável.

Estudos demonstram que a predominância do transtorno é parecida em diferentes regiões do mundo, e indicam que os fatores culturais, a criação e os conflitos psicológicos não interferem no surgimento do déficit. Os estudos também indicam que os portadores do transtorno possuem alterações na região frontal e em suas conexões com o restante do cérebro.

Uma das regiões cerebrais mais desenvolvidas no ser humano é a região frontal orbital. Ela é responsável por inibir os comportamentos que são considerados inadequados, pela capacidade de concentração, pela memória, pelo autocontrole, pela organização e pela capacidade de planejamento.

Segundo pesquisas, a alteração que parece existir nessa região cerebral é no funcionamento dos neurotransmissores (principalmente a dopamina e a noradrenalina), que transmitem informação entre as células nervosas — os conhecidos neurônios. Existem causas para estas alterações, e outras que ainda geram questionamentos e dividem os especialistas. A seguir, iremos mostrar algumas delas:

1) Hereditariedade

Os genes não são responsáveis pelo transtorno em si, mas, sim, por uma predisposição ao Transtorno do Déficit de Atenção com Hiperatividade. A genética passou a ser considerada como um importante fator após pesquisadores observarem que em famílias de pessoas portadoras de TDAH também haviam parentes afetados pelo transtorno com mais frequência do que em famílias que não possuíam histórico do distúrbio.

A presença do transtorno entre parentes é cerca de 2 a 10 vezes mais do que na população em geral. Os diferentes tipos de pesquisas genéticas realizadas com gêmeos e adotados foram essenciais para se comprovar a presença dos genes na causa do transtorno. Nas análises feitas com crianças adotadas diagnosticadas com TDAH foram comparados os pais biológicos e os adotivos e se existe diferenças entre os grupos. Os resultados mostraram que os pais biológicos possuem três vezes mais o transtorno do que os adotivos.

Já as pesquisas que foram feitas com gêmeos compararam aqueles que são univitelinos e os bivitelinos e se havia a presença, qual a apresentação e a gravidade dos aspectos do transtorno. Os gêmeos univitelinos possuem 100% de semelhança genética, enquanto os bivitelinos possuem apenas 50% dessa semelhança. No primeiro grupo os sintomas do TDAH se apresentam mais do que no segundo, o que comprova a participação de componentes genéticos, afinal, os pais são iguais e as vivências são as mesmas. Ou seja, quanto mais semelhante, quanto mais as características são parecidas, a influência genética se torna mais propensa para a doença, evidenciando como os genes têm uma atuação importante na origem do TDAH.

Como na maioria dos transtornos do comportamento, é errado se falar em determinação genética, e com o TDAH devemos seguir na mesma linha de raciocínio. O que acontece nesses casos é a *predisposição*, ou a influência, genética. A predisposição inclui outros genes e não apenas um único, como funciona a regra para características físicas. Sem falar que os genes podem, sim, possuir diferentes níveis de atividade e essas diferenças podem se manifestar de outros modos dependendo do paciente. Os genes interagem entre si e as influências ambientais também são levadas em consideração nesse cenário. Em familiares dos pacientes com o transtorno há maior ocorrência de depressão, bipolaridade e abuso de álcool e drogas.

2) Substâncias ingeridas na gravidez

Substâncias como a nicotina e o álcool, se ingeridos durante a gravidez, podem provocar alteração no cérebro do bebê, como na região frontal orbital. Os estudos revelam que pessoas alcoólatras possuem mais chances de gerarem crianças com problemas como hiperatividade e desatenção. A maioria desses estudos apenas indica uma conexão entre esses fatores, porém não estabelece exatamente qual são a relação de causa e efeito.

3) Sofrimento fetal

O sofrimento fetal ocorre quando há complicação durante o parto e, se não resolvido rapidamente, a falta de oxigenação no cérebro do bebê pode gerar lesões cerebrais. Segundo estudos mais recentes, o desenvolvimento do TDAH pode também estar associado a essa falta de oxigênio e não apenas a predisposição genética.

4) Exposição ao chumbo

Crianças que foram expostas ao chumbo quando ainda estavam no útero, podem apresentar sintomas parecidos aos do TDAH. Mas não é preciso se desesperar e nem é necessário realizar exames para medir a quantidade de chumbo no organismo de uma criança diagnosticada com transtorno, afinal, intoxicação por chumbo é raro e é facilmente identificável por meio do histórico clínico.

O que, definitivamente, não causa o TDAH?

Agora que já entendemos que o TDAH é um transtorno neurobiológico com predisposições genéticas, as crianças que os profissionais caracterizam abaixo dos limites que os consensos científicos estabelecem para o TDAH nasceram ou adquiriram uma constituição biológica diferente, o que permite delimitar o que não possui relação nenhuma com o transtorno:

1) Não tem origem em conflitos neuróticos: nada se relaciona ao Complexo de Édipo, por exemplo, ou a outros conflitos teorizados pela psicanálise;

2) Não tem origem em problemas familiares ou conjugais: por mais que possam provocar perturbação de adaptação, cujos sintomas são bem parecidos aos do TDAH, não é comum que a criança apresente traços do transtorno nos dois contextos e de forma ininterrupta.

Por outro lado, se ela vive em ambiente hostil e possui carência afetiva, é possível que um diagnóstico diferencial seja feito, mas não se deve crer que isso, automaticamente, implique no TDAH;

3) Não se relaciona com problemas emocionais e psiquiátricos que outros familiares possam ter: desde que eles não apresentem o TDAH — já que vimos sua predisposição genética —, a presença de outros quadros psiquiátricos não deve implicar o aparecimento do transtorno. A não ser como fatores que dificultam um processo de adaptação, como apontado no tópico anterior;

4) Não tem origem em uma educação inadequada: inquietos, desatentos e extremamente agitados? Sim! Mas mal-educados, não. Os sintomas não têm nenhuma origem no método de educação seguido pelos pais. Sejam eles assertivos, relaxados ou rígidos, isso não resulta diretamente no aparecimento do TDAH.

No entanto, conduzir o comportamento dos filhos de maneira adequada e também cuidadosa faz total diferença durante o tratamento do transtorno;

5) Não tem origem em uma participação inapropriada do meio social ou educacional: a incidência de TDAH não varia muito de acordo com a classe social, salvo casos de grupos populacionais em situação de miséria, desnutrição crônica, anemia, exposição a poluentes ou meios escolares em que a criança é submetida a exigências absurdamente acima de suas possibilidades. Isso quer dizer que uma sala numerosa, com muitos alunos, não provoca TDAH, porém amplia as dificuldades de oferecer o ensino personalizado que a criança com o transtorno requer;

6) Não se deve ao consumo excessivo de açúcares, aditivos ou corantes artificiais, nem a processos alérgicos: nos anos 1970, acreditou-se que havia uma relação entre o transtorno e questões ligadas à alimentação. No entanto, atualmente, todos os corantes que poderiam ocasionar algum tipo de problema estão proibidos de serem comercializados.

Sabe-se também que não há relação com alergias. Se uma criança faz um tratamento com corticoides, ela até pode ficar inquieta e irritável por um tempo, mas não a ponto de diagnosticar o TDAH;

7) Corante amarelo, aspartame, luz artificial, deficiência hormonal e deficiências vitamínicas: foram possíveis causas investigadas cientificamente e todas descartadas por estudos .

Outros transtornos

Algumas pesquisas científicas evidenciam que, em alguns casos, é possível que o indivíduo apresente de uma a mais comorbidades. Há indícios de que elas apareçam independentemente da faixa etária do portador do TDAH. Além de produzir um sentimento interno de menor valor, pode surgir baixa autoestima e, no caso das crianças ter o desempenho escolar afetado. Na adolescência, podem usar estimulantes, caindo na armadilha do abuso e dependência de drogas desse tipo.

A literatura aponta que metade das crianças com o transtorno evoluem para um adulto com déficit de atenção, e esta população tem maiores índices de comorbidade com transtornos de ansiedade e depressão. Algumas possíveis comorbidades do TDAH são: Transtorno Desafiador de Oposição, Transtorno de Conduta, Ansiedade, Transtorno Obsessivo-compulsivo, Depressão, Transtorno Bipolar, Transtorno Invasivo do Desenvolvimento, entre outros.

2

COMO CONSEGUIR DIAGNÓSTICO

O diagnóstico do Transtorno do Déficit de Atenção com Hiperatividade é clínico, portanto, não existe, até o momento, nenhum exame laboratorial que possa reconhecê-lo e trazer sozinho todas as respostas, mas é possível se atentar a certos comportamentos que podem evidenciar indícios do transtorno.

Normalmente, os primeiros sintomas aparecem ainda na escola e evidenciam a dificuldade de aprendizado em sala de aula, inquietação e a impulsividade. Por sua vez, o diagnóstico para o transtorno envolve aplicar escalas que avaliam esses sintomas, além de tentar verificar o impacto que eles têm na vida da criança. Assim, os exames são realizados apenas para afastar outros diagnósticos.

Para não negligenciar um caso ou simplesmente transformar uma simples agitação em transtorno, é necessário levar em conta algumas questões em conjunto, antes de ir em busca de um diagnóstico de TDAH. São elas: desatenção ou falta de concentração, com ou sem traços de hiperatividade; a idade limite, pois os sinais aparecem até os 12 anos; se o comportamento da criança interfere no funcionamento de vida dela ou de seus familiares; e o fato de sintomas estarem presentes em mais de um contexto, como em casa, na escola, com amigos etc.

Sinais do transtorno

A maioria das crianças que possui o TDAH começa a demonstrar alguns sintomas antes mesmo de ingressar na pré-escola. Mas é preciso identificar que nem sempre demonstrações de mau comportamento resultarão no transtorno. Então, o primeiro passo, antes de ir atrás de um diagnóstico, é considerar as atitudes em mais de um ambiente e observar os exageros.

Essas crianças costumam ser ativas demais, impulsivas demais, desatentas demais para responder às exigências do meio. E esse exagero deve ser percebido em mais de um contexto, por exemplo, na escola e em casa, e por um tempo de no mínimo seis meses.

É importante compreender que a grande diferença entre as crianças agitadas ou malcomportadas e aquelas com TDAH é o fato destas não conseguirem se comportar mesmo a partir de sua própria decisão — sempre levando em conta a idade, já que não é possível exigir o mesmo dos muito novos.

Outros sintomas que podem aparecer são os problemas de sono e a dificuldade de cumprir tarefas rotineiras e normais para idade. Esses pequenos costumam também não aprender com os erros e não perceber detalhes de falas e discursos, podem, ainda, apresentar alguns problemas de coordenação motora e irritabilidade excessiva a qualquer tipo de espera ou frustração.

Quando diz respeito à hiperatividade, existem alguns comportamentos que devem ser observados, tais como: a criança frequentemente brinca ou mexe excessivamente os dedos, mãos ou pés, e move-se na cadeira? Levanta o tempo todo durante a aula em situações que deveria permanecer sentada? Possui dificuldade em relaxar?

Além desses, mais exemplos devem ser considerados, sempre acompanhados de uma série de critérios adicionais, sendo avaliadas em diversas situações e levando em conta outras características.

Podemos dizer que é provável que qualquer criança permaneça desatenta ou inquieta em contextos desfavoráveis ou de dificuldade, mas aquela que possui o TDAH não consegue manter um comportamento adequado nem ao menos quando está familiarizada com o assunto ou ambiente.

No entanto, é imprescindível uma análise profunda do caso, pois há uma série de outros transtornos que produzem sintomas semelhantes aos do TDAH, tais como distração, hiperatividade, impulsividade, desorganização, problemas de relacionamento, agitação mental, problemas com autoestima e baixo rendimento escolar.

A hiperatividade é um dos componentes mais conhecidos do TDAH. Em geral, ela se associa a dificuldades frequentes no ambiente escolar e no relacionamento com a família. Crianças com TDAH costumam se machucar com mais frequência, são intempestivas, muito inquietas e, mesmo hiperativas, tendem a ficar isoladas em alguns momentos.

Porém, é válido diferenciar uma simples agitação, em que os sintomas geralmente são transitórios, de um quadro de hiperatividade. Nesse contexto, é importante compreender o que significa a criança estar ou ser hiperativa: no primeiro caso, ocorre uma dificuldade momentânea — de adaptação, provavelmente —, enquanto na segunda situação existe um transtorno que resulta em atitudes frequentes independentemente do ambiente em que ela está inserida.

Precisamos esclarecer ainda que nem sempre o fator hiperatividade aparece acompanhado do déficit de atenção, mas essa é a situação mais comum, considerando que, ao possuir um grau excessivo de agitação, a criança se atenta a muitas coisas ao mesmo tempo — e acaba por desenvolver a chamada hipervigilância —, dificultando, portanto, uma concentração direcionada e ideal. Vale destacar ainda que o grau de intensidade do quadro hiperativo pode variar entre leve e grave, a depender das causas identificadas.

Como já vimos, algumas motivações possíveis estão relacionadas a alterações metabólicas, complicações no parto e abuso de substâncias químicas durante a gestação, mas a maior influência, no entanto, é genética, com grande probabilidade de o filho ser diagnosticado caso um ou ambos os pais possuírem o transtorno. Além disso, crianças que nasceram prematuras, sofreram infecções como meningite ou tiveram trauma craniano são mais propensas a ter o problema.

No que diz respeito ao cérebro, os problemas aparecem com mais ênfase no módulo responsável pelas funções executivas. Isso significa que os atos de organizar, estabelecer um nível apropriado de alerta, ter uma memória ideal e a capacidade de regular os estados emocionais — em função do desempenho do córtex pré-frontal e dos núcleos ligados a ele — são prejudicados.

O cérebro de uma criança com TDAH também não ativa de forma eficaz as áreas funcionais no córtex pré-frontal e de transição para o corpo estriado — um dos núcleos de base do cérebro — em atividades que exigem persistência na atenção e execução de atividades sem recompensa imediata.

Depois da adolescência, os sintomas de inquietude ou hiperatividade costumam ser atenuados, prevalecendo a falta de atenção. Por isso, é comum a ideia de que o TDAH em adultos é uma "doença inventada".

De fato, é normal para qualquer ser humano ter momentos de distração ou cometer algum esquecimento mais relevante, assim como algumas pessoas são mais agitadas e outras, mais tranquilas. O problema é quando esses comportamentos começam a se tornar obstáculos sérios à vida prática e ao relacionamento social do indivíduo.

Quando os lapsos de memória ou a impulsividade passam a interferir nas relações, nos estudos ou na vida profissional, é o ponto de partida para uma investigação se a pessoa possui ou não TDAH, que pode estar presente em 4% dos adultos, conforme afirma alguns estudos.

É quase impossível que o TDAH seja desenvolvido já na idade adulta, no entanto, em alguns casos, não é notado até que os prejuízos sejam muito grandes, como no caso da perda de um emprego ou mesmo a dificuldade contínua de se relacionar amorosamente. Alguns sintomas podem ser indicativos de que o transtorno está presente nessa fase da vida, entre os quais a dificuldade frequente para manter a atenção em tarefas comuns do dia a dia ou não ouvir o que os outros falam, dando a impressão de estar no "mundo da lua".

Essas pessoas também não conseguem organizar suas atividades com eficiência, e, por isso, costumam estar sempre atrasadas ou se esquecem de algo essencial para realizar alguma tarefa cotidiana (agendas, relatórios, livros, documentos etc.). Além disso, costumam apresentar características como inquietude, falta de paciência, perda de foco, necessidade constante de receber um "empurrão" para conseguir começar algo e dificuldade em terminar qualquer trabalho, pois perde o interesse no que faz muito rapidamente.

Coisas mais simples também tendem a se tornar um problema, como ir ao supermercado e não se lembrar do que compraria, ou ainda se esquecer de uma tarefa doméstica que deveria realizar.

Para atenuar os sintomas e se possa conviver melhor com o TDAH na fase adulta, é possível adotar algumas práticas diárias, como manter uma agenda atualizada, de preferência eletrônica e que soe um alarme para as tarefas e compromissos; atentar-se à qualidade do sono para que se possa repor as energias adequadamente e reservar um período do dia para a prática de atividades físicas, procurando variar os tipos de exercícios (natação em um dia, corrida no outro, andar de bicicleta etc.), pois isso estimula o cérebro e evita "enjoar" das práticas.

Diagnóstico correto

Para se fechar o diagnóstico, é necessário o acompanhamento de uma equipe multidisciplinar, que irá se basear na observação sistemática dos comportamentos apontados ao lado de relatos da escola e da família, com uma avaliação neuropsicológica e ponderação dos prejuízos sociais, afetivos e acadêmicos.

Portanto, torna-se fundamental a participação de todos os envolvidos na rotina da criança para se conseguir chegar a um diagnóstico completo, incluindo pais e professores aptos junto às equipes de avaliação médica e não médica especializadas.

Sobre o parecer final, é imprescindível fazer uma entrevista com um profissional capacitado, para que seja possível compreender o histórico clínico da criança. Também podem ser solicitados alguns tipos de exames como eletroencefalograma, a fim de avaliar o grau de imaturidade cerebral; e outros de imagem, como ressonância, para que o especialista possa afastar outras questões clínicas.

Porém, a avaliação neuropsicológica é o que define e fecha definitivamente o diagnóstico, quando será feito um conjunto de perguntas ao paciente, realizadas normalmente em quatro ou cinco sessões, com ajuda de psicólogo ou fonoaudiólogo, para analisar a capacidade espontânea de atenção, pensamento concreto, abstrato e memória, entre outros aspectos do indivíduo.

Em resumo, as etapas a seguir são determinantes para um diagnóstico eficiente:

1) Entrevista clínica de anamnese e observação do comportamento: permitem coletar dados sobre as queixas atuais e o histórico sobre o desenvolvimento neuropsicomotor, desempenho escolar e relacionamento familiar e social;

2) Avaliação neuropsicológica: permite avaliar potenciais e fraquezas no desempenho

cognitivo (processo de aquisição de conhecimento). Realiza-se a comparação entre pessoas de mesma idade e escolaridade, assim como a comparação do desempenho individual nas várias funções cognitivas. Isso permite estabelecer se há alteração da atenção e do funcionamento executivo, compatíveis com a sugestão diagnóstica de TDAH;

3) Preenchimento de escalas de avaliação de sintomas por familiares e professores: o TDAH já foi considerado um distúrbio predominantemente do sexo masculino, mas estudos mais recentes têm mostrado que o número de mulheres pode ser quase igual ao de homens. Entretanto, em comparação com meninos, as meninas são mais propensas à desatenção do que a sintomas de hiperatividade e impulsi-

vidade. Isso também influencia na idade que recebem o diagnóstico de TDAH, geralmente mais tardio do que os meninos.

3

O QUE EXISTE DE TRATAMENTO?

Em média, o cérebro amadurece até os 25 anos. Porém, quando existe o transtorno, esse amadurecimento acontece de forma mais lenta: a criança pode demorar a desenvolver a fala, a parte intelectual, além de ficar hiperativa e dispersa. No entanto, tais comportamentos não estão sempre ligados ao TDAH, e a dúvida sobre o momento certo de ir atrás do auxílio de um profissional é recorrente.

Para saber a hora de procurar ajuda especializada, é preciso se atentar à intensidade dos sintomas, sua frequência e o grau em que afetam a funcionalidade da criança em atividades relativamente simples. Quando o diagnóstico do déficit de atenção é feito corretamente, uma força-tarefa é exigida para seu tratamento, envolvendo profissionais de várias áreas, em conjunto com a família.

A indicação de remédios é defendida por alguns especialistas como a maneira mais eficaz de amenizar os sintomas do transtorno — como a falta de foco, a impulsividade e a hiperatividade. Por outro lado, há quem condene as medicações utilizadas para essa finalidade, criticando seus efeitos colaterais e, principalmente, o uso indiscriminado do medicamento.

Contudo, a prescrição dos remédios feita por especialistas é indicada para equilibrar substâncias químicas no cérebro que interferem no comportamento de seu portador, e serve para reajustar essa falta, principalmente por via da dopamina, que é prejudicada nesses pacientes. A terapia por si só ajuda a melhorar 30% do transtorno, já a ação do remédio controla 60%. Os dois juntos chegam a quase 100% de melhoria.

Um estudo realizado em centros universitários nos Estados Unidos e no Canadá (denominado MTA — *Multimodal Treatment Assessment*) teve por objetivo verificar até que ponto o uso de medicamentos é eficaz no tratamento. No total, participaram da pesquisa cinco centros de estudo norte-americanos e um canadense, que analisaram 579 crianças que sofriam de TDAH.

De acordo com artigo publicado pela ABDA, o resultado do estudo mostrou que as crianças tratadas com medicamentos, seja associado ao uso de psicoterapia ou não, tiveram elevado grau de melhora e um controle maior dos sintomas. Ainda segundo o artigo, já foram realizados mais de 150 estudos internacionais com medicamentos que atualmente são usados para tratar o TDAH. O resultado encontrado, em quase todos, é de que os medicamentos são eficientes e, sempre que bem administrados, proporcionam uma sensível melhora aos pacientes.

Porém, é necessário ter certeza de que se trata mesmo do distúrbio. Muitos pacientes são medicados sem um diagnóstico certeiro, contribuindo para o exagero na prescrição medicamentosa e para um alto índice de efeitos adversos. E vale lembrar que o remédio sozinho não soluciona o problema, é preciso planejar um conjunto de ações para o tratamento, incluindo medicamento, psicoterapia e até mesmo apoio familiar para obter sucesso. TDAH não é sinônimo de medicação à base de metilfenidato e, antes de prescrever o medicamento, o médico e a família devem avaliar os prós e os contras. Às vezes, uma orientação aos pais, uma ajuda pedagógica na escola ou terapia são suficientes para tratar a criança. Medicamentos psicoestimulantes são uma possibilidade, mas não necessariamente o único caminho para o tratamento.

Riscos da medicação

Algumas alas da medicina se preocupam com o uso indiscriminado das medicações para o TDAH. Esses profissionais alertam quanto às reações adversas e à toxicidade dos remédios, que trazem prejuízos para o desenvolvimento das crianças, pois elas ainda estão com o organismo em fase de formação, o que pode trazer graves consequências no futuro.

A Ritalina, assim como o Concerta (que tem a mesma substância da Ritalina — o metilfenidato é um estimulante do sistema nervoso central), tem o mesmo mecanismo de ação das anfetaminas e da cocaína, bem como de qualquer outro estimulante. Ela aumenta a concentração de dopaminas (neurotransmissor associado ao prazer) nas sinapses (responsáveis pela troca de informações entre os neurônios e as células), mas não em níveis fisiológicos.

Os profissionais que não aprovam o uso da medicação indicam que a lista de sintomas é enorme, por exemplo: se a criança já desenvolveu dependência química, ela pode enfrentar a crise de abstinência. Também pode apresentar surtos de insônia, sonolência, piora na atenção e na cognição, surtos psicóticos e alucinações. Além disso, aparecem outros sintomas como cefaleia, tontura e efeito *zombie like*, em que a pessoa fica quimicamente contida em si mesma.

Já no sistema cardiovascular, a droga pode causar hipertensão, taquicardia, arritmia e até parada cardíaca, enquanto no sistema gastrointestinal, pode provocar boca seca, falta de apetite e dor no estômago. A droga afeta todo o sistema endócrino, que interfere na hipófise. Ela também altera a secreção de hormônios sexuais e diminui a do hormônio de crescimento. Logo, as crianças ficam mais baixas e podem sofrer alteração de peso.

No Brasil, há três medicações principais:

1) Ritalina ou Ritalina LA: são dois modelos. No de curta duração (Ritalina), o paciente fica sob o efeito do remédio de três a quatro horas, e no de longa duração, a reação (Ritalina LA) dura até oito horas. É um medicamento psicoestimulante, e provoca uma maior produção e reaproveitamento de neurotransmissores, por meio da dopamina e da serotonina, responsáveis pelo controle de movimentos, aprendizado, humor, emoções, cognição, sono e memória.

2) Concerta: funciona mais ou menos da mesma forma que a Ritalina, mas muitas vezes é mais bem tolerado. Apresenta efeito de longa duração — até doze horas.

3) Venvanse: esse medicamento vem tendo boa aceitação. É um estimulante do sistema

nervoso central e psicoestimulante, que pode ajudar a aumentar a atenção e diminuir a impulsividade e a hiperatividade em pacientes com TDAH. Deve ser ingerido uma vez ao dia, devido a seu efeito de longa duração.

Alimentos que fazem a diferença

Além dos remédios, as terapias alternativas servem como aliadas no tratamento do TDAH. Nesse contexto, o cuidado com a alimentação também é indispensável para manter o bem-estar do paciente.

No caso das crianças, é importante restringir o consumo de balas, refrigerantes, sucos artificiais, assim como demais outros petiscos açucarados. Frutas são uma boa pedida nos lanches. Sementes oleaginosas também. Uma boa opção de lanche é fazer um mix com diversas sementes — amêndoa, castanha-de-caju, castanha-do-pará, macadâmia e nozes.

Dê preferência por sucos sem açúcar e acrescente uma colher de aveia ou de linhaça, assim não há uma elevação súbita da glicose sanguínea.

Outra dica é o abacate. Trata-se de uma fruta excelente e deve ser consumida ao natural, cortada em cubos e com gotas de limão para realçar o sabor. Coco é outra boa opção, pode ser o verde ou o seco. Corte a polpa madura em pequenos quadradinhos e dê para a criança mastigar. Folhas verdes também são uma ótima escolha. Para variá-las, desenvolva receitas criativas como panquecas, suflês, pastéis de forno e recheios.

Terapias

O tratamento do TDAH envolve uma abordagem múltipla. Ou seja, vários sujeitos estão inseridos no auxílio ao desenvolvimento da criança, sempre procurando ter um conhecimento bastante amplo das rotinas, motivações e desencadeadores do comportamento que motivou essa busca por ajuda.

O acompanhamento é feito por um grupo de profissionais que pode englobar diferentes formações: psicólogos, fonoaudiólogos, terapeutas ocupacionais, psicopedagogos, educadores físicos e outros que, se qualificados devidamente, podem orientar os pais a fim de que procurem ajuda médica e tratamento com medicamentos aliados a outras terapias, caso seja preciso.

Apesar de o TDAH estar previsto no grupo de transtornos mentais, muitos neuropediatras atuam de forma competente à frente do quadro diagnosticado. Dedicando-se ao estudo mais aprofundado desse grupo de doenças, o neuropediatra pode, sim, ser um profissional bastante capaz e indicado para o tratamento das crianças com o transtorno.

Diante da complexidade do quadro, a chave do sucesso de um tratamento de TDAH está na combinação de métodos. Ou seja, a pessoa que sofre com o problema precisa conciliar medicamentos e terapias, sendo a abordagem cognitiva-comportamental a principal forma de atendimento para pacientes com o transtorno, por apresentar bons resultados em termos de mudanças de atitude duradouras.

Terapia cognitiva-comportamental

O tratamento da hiperatividade precisa auxiliar a criança a desenvolver novos padrões de comportamento e pensamentos. Desse modo, ela vai conseguir administrar melhor sua impulsividade, agitação e dificuldade de concentração.

Não à toa, o profissional responsável pela terapia cognitivo-comportamental vai atuar com uma espécie de treino relacionado a soluções de problemas e melhores habilidades sociais..Além disso, deve proporcionar formas de relaxamento e estabelecer agendas de atividades rotineiras, de objetivos e metas a serem cumpridos.

O terapeuta também ensina a como modificar as formas de pensar e lidar com problemas que podem ser prejudiciais de imediato e, o melhor, apresentando resultados de forma duradoura.

Isso ocorre pois a abordagem psicoterápica caracteriza-se pela busca de mudanças nos afetos e comportamentos por meio da chamada reestruturação cognitiva, isto é, substituir crenças, pensamentos e formas de interpretar as situações que sejam negativas e disfuncionais por outras formas de pensar e perceber o mundo. Porém, é importante frisar que as técnicas utilizadas para conduzir o tratamento devem variar e se adequar ao perfil do paciente, sua história de vida e do quadro sintomático, além de características pessoais e ambientais — um fator que ajuda, inclusive, a atrelar à terapia outros métodos complementares.

Psicomotricidade

Essa forma de tratamento também é capaz de proporcionar excelentes resultados para pessoas com TDAH, uma vez que tem como base o desenvolvimento motor, afetivo e psicológico da criança, melhorando suas capacidades perceptivas e trabalhando seu esquema corporal, sua estruturação espacial e sua orientação temporal.

Mais do que o desenvolvimento motor, a psicomotricidade ainda pode ser uma ferramenta eficiente para melhorar a atenção, a concentração e o aproveitamento escolar. Nos casos infantis, a técnica utiliza estratégias e prepara ambientes adequados para o desenvolvimento de atividades lúdicas, como cobra-cega e amarelinha.

Treinamento cerebral

A técnica Brain Rx consiste em exercícios para desenvolver habilidades como memória, atenção, concentração e raciocínio lógico. Ela pode ser aplicada para manter o cérebro ativo, tanto para idosos que estão começando a perder função cognitiva quanto crianças com dificuldade de aprendizagem. O método foi desenvolvido nos EUA por Ken Gibson, um médico que sofria com dislexia e também teve que superar suas dificuldades de aprendizado.

No Brasil, a psicóloga Vivian Polikar foi a primeira psicóloga autorizada a aplicar o método de treinamento cerebral, com crianças a partir dos oito anos de idade. As técnicas são desenvolvidas de maneira individual, com exercícios personalizados para cada necessidade.

Isso só é possível devido à capacidade que o cérebro tem de modificar suas conexões neuronais, de acordo com a demanda de aprendizado —o que os cientistas chamam de neuroplasticidade. Para crianças com TDAH, esse é um tipo de tratamento capaz de fortalecer as funções cognitivas, melhor ainda se feito simultaneamente ao acompanhamento escolar.

Coaching comportamental

Força-tarefa: assim pode ser resumido o conceito dessa técnica que busca o equilíbrio comportamental das pessoas que sofrem com o Transtorno do Déficit de Atenção e Hiperatividade (TDAH). Realizado por psicólogos especialistas na área, trata-se de um processo de orientação pessoal e individualizada, que auxilia na organização das tarefas diárias e propõe um enfrentamento prático do problema.

De maneira geral, o coaching é indicado para adolescentes e adultos que sofrem com o transtorno, pois facilita o direcionamento de tarefas e ajuda a encaminhar melhor as atividades do dia a dia.

A pessoa que sofre com o transtorno e utiliza o acompanhamento como forma de tratamento consegue lidar melhor com os sintomas, buscando como e onde agem os comportamentos típicos do TDAH. Com isso, o indivíduo ganha reforço para trabalhar melhor suas habilidades, o que resulta em melhor autoestima e menos sentimento de inferioridade — além, é claro, de aprender a minimizar os efeitos da desatenção e da hiperatividade.

No coaching comportamental, o psicólogo tem uma meta mais específica com o paciente. Ele deve trabalhar de maneira direta os pontos de maior dificuldade do portador do TDAH. De acordo com artigo publicado pelo Instituto Paulista de Déficit de Atenção (IPDA), o foco é mais limitado quando comparado à terapia, já que são trabalhadas questões específicas, ligadas a objetivos e metas pessoais. Dessa forma, a iniciativa é indicada quando as queixas do cliente são bem definidas e quando não há sofrimento emocional importante.

Além do convencional

O Transtorno de Déficit de Atenção com Hiperatividade também pode ser tratado a partir de algumas terapias alternativas — uma "luz no fim do túnel" para quem não se viu totalmente contemplado pelo tratamento tradicional. Elas são famosas por não utilizarem medicamentos e por trabalharem em conjunto com a família e a escola, de maneira multidisciplinar. Mas vale lembrar: as técnicas são feitas sob medida para cada paciente, não têm fórmula única e devem, sim, ocorrer de forma simultânea com os métodos convencionais — sobretudo o medicamentoso.

No caso da homeopatia, a ação ocorre na causa da doença, ou seja, vai à raiz do problema — e não trata apenas o sintoma. Assim, a terapia natural homeopática associada ao acompanhamento psicológico pode ter grandes resultados de melhoras em curto prazo, promovendo estímulos ao próprio organismo e fortalecendo os mecanismos de defesa do corpo para que este restabeleça o equilíbrio físico, mental e emocional. Segundo os terapeutas homeopáticos, se é a força vital que adoece, é também a força vital que cura.

A terapia em grupo, feita com os pais, também pode ser uma boa alternativa. Ela fornece ferramentas e estratégias educativas aos familiares para realizar as adaptações às necessidades específicas do paciente. A hipnose, por sua vez, ajuda a criar mudanças rápidas, na qual as metas são as soluções. De acordo com especialistas, o paciente é ajudado a identificar recursos positivos quando está em estado hipnótico deliberado, convidando a mente a pensar, criar e fazer as pazes com o problema.

Já os florais podem ser indicados conforme a especifidade a ser tratada: no caso da desatenção, o princípio utilizado é o floral clematis (os florais gorse e larch também podem ser utilizados para trabalhar a autoestima). No caso da hiperatividade, costumam ser receitados os florais cerato e vervain.

Em relação à aromaterapia, o campo de atuação envolve a inquietude, a ansiedade, a impaciência e a hiperatividade. Isso se deve porque o sistema límbico, que é responsável pelas emoções e pelo comportamento, é diretamente alterado por meio do olfato. Há ainda quem defenda a arteterapia, que envolve as expressões artísticas, desenvolvendo capacidades inatas e produzindo um estado de autoestima.

Na acupuntura, antes de iniciar um tratamento, o paciente passa por uma espécie de entrevista, denominada de anamnese, a qual inclui a observação da língua, do pulso, da fisionomia e da composição corporal, assim como histórico e características do distúrbio apresentado, os hábitos alimentares, do sono, as relações familiares e sociais. Após essa minuciosa pesquisa, são eleitas as diretrizes terapêuticas a serem utilizadas, como: o uso de agulhas, do laser, das ervas e da própria dieta com a culinária chinesa.

A prática pode ser aplicada em qualquer idade, porém é necessário respeitar as afinidades de cada paciente. Para aquelas pessoas que não gostam de agulhas, por exemplo, existem as opções de aplicação de sementes na orelha e ventosas. E lembre-se: qualquer estágio do transtorno do déficit de atenção é passível de tratamento, porém os efeitos da acupuntura são cumulativos, então se deve ter constância e compromisso com o tratamento. Geralmente, quanto mais crônico é o caso, mais sessões precisam ser feitas para uma melhora notável.

Por fim, por estudar as práticas naturais cientificamente, a naturologia vem sendo cada vez mais procurada como opção de tratamento para TDAH, pois os pais buscam métodos naturais e sem efeitos colaterais para os filhos. Com o objetivo de evitar o isolamento dos colegas e fazer com que ela reconheça suas próprias qualidades, o trabalho do naturopata seria "limpar o terreno" para auxiliar o corpo a voltar ao equilíbrio. Essas alterações vão desde mudanças nos hábitos alimentares, de forma a suprimir possíveis sensibilidades nutricionais, até à implementação de hábitos regulares de exercício físico adequado à capacidade de foco da criança, passando também pela higienização dos padrões educacionais dos pais.

Vale ressaltar novamente, porém, que nada substitui a consulta junto a um profissional especializado. Mas, visto que não há nenhuma forma de contraindicação nos métodos alternativos citados, também não haverá nenhum grau de prejuízo à saúde.

4

ORIENTAÇÕES PROFISSIONAIS

Notas baixas, dificuldades em terminar uma tarefa, problemas de adaptação com os colegas, agitação e inquietude: nessa altura, você já sabe elencar uma série de características que as crianças com TDAH apresentam. Contudo, é preciso lançar um olhar aprofundado para o desempenho acadêmico, em especial quando os professores não sabem como lidar com esse tipo de comportamento. Por isso, é indispensável que os profissionais encarregados pela orientação escolar dentro do ambiente de ensino estejam aptos a caminhar lado a lado com pais, psicólogos e médicos, a fim de facilitar o convívio social dos pequenos acometidos pelo transtorno.

No ensino infantil — alunos com até sete anos de idade —, é comum que as crianças não consigam se manter sentadas em suas carteiras e presas a uma única atividade por muito tempo. Quando estão um pouquinho maiores, porém, essas limitações diminuem, menos para os portadores de TDAH. É normal existir aquele garoto que não para quieto, movimenta-se o tempo todo e vai mesa a mesa dos coleguinhas para saber o que estão fazendo. Entre as meninas, a falta de atenção predomina: comportada, mas distraída, rabisca a carteira e brinca com as canetas do estojo. Em ambos os casos, o aproveitamento acadêmico acaba sendo inferior ao do restante da turma.

A princípio, pode ser complicado identificar no comportamento da criança os primeiros sintomas de TDAH. No entanto, já vimos que as situações repetitivas podem ser um sinal de que algo está errado. Além disso, professores e orientadores pedagógicos podem observar outros fatores — e avaliar o rendimento em sala de aula, como dito anteriormente, pode ser um dos mecanismos. Os profissionais devem estar atentos aos trabalhos que esse estudante realiza e, principalmente, às notas, que são o maior termômetro. Isso não significa, porém, que todo aluno agitado tenha TDAH.

Se a criança é naturalmente agitada, as notas dela oscilam em determinados períodos. Em uma prova ela vai bem, em outra nem tanto. Já quando se observa o TDAH, essa linha é constante para baixo. Por mais que o aluno tente prestar atenção a provas e aulas, continua difícil melhorar seu desempenho.

Da sala de aula para a sala de casa

É importante destacar que o papel do colégio não é fazer um diagnóstico, mas, sim, orientar a família a procurar ajuda especializada. Afinal, os profissionais relatam que muitos pais confundem hiperatividade ou déficit de atenção com preguiça. Dessa forma, a equipe educacional procura se reunir com os responsáveis e apresentar o problema, mas não na tentativa de chegarem a uma conclusão, apenas como forma de orientação com base no que é observado dentro e fora da sala de aula, como a criança age com os amigos, bem como sua relação com os deveres e conteúdos aplicados. Quando preciso, a instrução é a de que procurem um neuropsicólogo, a fim de investigar quais são as possíveis causas de tais comportamentos e se isso pode ser caracterizado como TDAH.

A partir do momento em que se descobre o diagnóstico positivo, pais, professores e profissionais da saúde envolvidos precisam unir esforços para que o tratamento da criança seja realmente efetivo, em especial na escola, onde aparecem as principais dificuldades. Até porque, se cada aluno, em sua subjetividade, precisa ser acompanhado de acordo com o desenvolvimento de suas aprendizagens, isso é ainda mais necessário àqueles que requerem uma educação especial.

Na prática

As crianças que possuem o transtorno necessitam de uma atenção diferenciada, principalmente durante as aulas. É fundamental estudar os laudos desenvolvidos pelo profissional que fez o diagnóstico, conversar com todos os professores e os instruir, não para tratar diferente, mas para olhar com mais cuidado para essas crianças.

Em outras palavras, significa chamar a atenção do aluno quando perceber dispersão demasiada de atenção, além de colocá-lo na primeira carteira para que o foco seja o professor e a matéria que está sendo ensinada. Não seria absurdo também dar a eles mais tempo para fazer as provas e atividades, colocando-os até em salas separadas para a realização desses exames.

Mesmo em exercícios mais comuns, como produção e compreensão de textos, situações-problema ou mesmo enunciados de provas, pode haver a necessidade uma mediação específica do professor, permitindo minimizar os muitos fatores que podem induzir o aluno a se manter disperso e longe do foco de estudo. Mas tudo na medida certa! Afinal, a criança não deve se sentir excluída, diferente ou incapaz. Deve sempre haver um incentivo aos alunos para identificarem suas potencialidades e suas dificuldades a fim de que os objetivos individuais sejam atingidos.

É importante lembrar que a criança talvez deixe de atingir os resultados esperados, mas isso não significa preguiça ou "corpo mole", é uma limitação real. Taxá-las de preguiçosas ou não reconhecer seus esforços é um comportamento condenável não apenas dentro do ambiente do colégio, como no cotidiano de quem sofre de TDAH. A concentração, a maneira como absorve a informação, o ritmo, tudo é diferente. É preciso ter paciência e um olhar mais humanizado.

Bullying

Não é raro que portadores de TDAH sejam considerados "impossíveis" aos olhos de professores despreparados para lidar com o transtorno e alguns colegas de classe. Por exemplo: aquela criança que, em vez de prestar atenção nas aulas de matemática, passa horas desenhando no caderno, talvez seja visto como alguém pouco interessado nos estudos. Porém, o comportamento desse aluno pode estar completamente ligado ao déficit de atenção e, por sua vez — ainda que não muito recorrente —, desencadear outros problemas comuns ao ambiente escolar.

Imagine que essa mesma criança receba uma bronca em sala de aula e vire motivo de piada entre os colegas? Infelizmente, o bullying é uma prática maldosa que atinge diversas crianças e adolescentes, assim, os portadores de TDAH também podem ser um alvo.

Nesses casos, o importante é apresentar as diferenças, de toda ordem, como possibilidade de crescimento, de formação de um coletivo diverso e rico, no qual todos têm algo para aprender e ensinar. As crianças são capazes de perceber que a diferença não pode, de forma alguma, ser tratada como um problema, mas como uma grande oportunidade.

Outra proposta é realizar palestras, dinâmicas de grupo, debates com profissionais, divulgar textos no site do colégio, além de promover atendimentos individuais com alunos e famílias, reflexões em grupo e, se necessário, solicitar um encaminhamento a quem pratica bullying.

No dia a dia da escola, como as crianças são curiosas e não economizam em perguntas, podem surgir alguns questionamentos sobre o porquê de existir um tratamento diferenciado para alunos com TDAH.

Explicar aos demais que cada estudante demanda um tipo de atenção não é tarefa das mais dificultosas. O problema, como apontam alguns profissionais, é quando o aluno que tem TDAH começa a chegar triste em casa por causa de brincadeiras e xingamentos. A primeira atitude é chamar o autor do bullying para conversar, dar uma chance para que ele pense no que fez e no que falou. Então, se voltar a acontecer, medidas mais enérgicas precisam ser tomadas, mas sem expor as crianças e favorecendo o diálogo, sempre em busca da melhor solução para ambos os lados.

O papel dos pais

Manter uma família em harmonia já é difícil em condições normais, agora imagina quando o Transtorno do Déficit de Atenção com Hiperatividade faz parte do dia a dia de pais e filhos? Existem vários livros e vídeos disponíveis, com dados a respeito do transtorno em si e de estratégias efetivas que podem ser adotada pelos familiares. No entanto, só a convivência pode apontar erros e acertos no desafio que é educar e cuidar dessas crianças.

O diagnóstico desse transtorno é um processo que envolve diversos aspectos, sendo que problemas biológicos e psicológicos variados podem contribuir para a manifestação dos sintomas apresentados. No entanto, muitos pais demoram a procurar ajuda, ou não aceitam o diagnóstico por pensarem que é coisa da idade, que vai passar com o tempo. Porém, o envolvimento da família nesse processo é primordial, por isso deve haver um acompanhamento após o diagnóstico da criança com TDAH.

Para começar a observar a criança diagnosticada de uma forma diferente, é necessário ter um conhecimento correto a respeito do distúrbio e suas complicações. Pode ser necessário que haja, ainda, um acompanhamento para os pais a fim de que eles aprendam a lidar com os sintomas do filho. Portanto, essa interação positiva entre os pais e os profissionais que vão auxiliar no tratamento da criança é fundamental. A família precisa receber informações detalhadas sobre o transtorno, com um possível treinamento para os pais e familiares para que eles possam aprender estratégias para lidar com os sintomas do TDAH e auxiliar seus filhos no planejamento e organização das atividades diárias.

Não é fácil educar uma criança. Para isso, é preciso ter paciência, dedicação, carinho, firmeza e uma série de outros requisitos a se considerar. E isso não vale apenas para quem possui um filho com algum tipo de problema físico, mental e até um transtorno tão comum quanto o TDAH. Porém, é preciso, inicialmente, que os pais percebam que o Transtorno do Déficit de Atenção com Hiperatividade não é a causa de todos os problemas que a criança está enfrentando, muito menos pode ser uma desculpa para que haja um distanciamento da tarefa de serem pais e responsáveis por ela.

Além de ter paciência, ser pai e mãe é estar o tempo inteiro repensando e revendo se as estratégias utilizadas estão funcionando ou não, é ser coerente em suas atitudes — uma hora permite algo, em outra, não? —, ser consistente em suas regras e em quais limites serão estabelecidos. É importante que os pais vejam que a criança vai precisar entender a consequência daquilo que ela fizer de errado, mas também do que ela fizer de correto. Especialistas apontam que as crianças com TDAH costumam ser o tempo todo repreendidas por conta de seu comportamento, enquanto suas qualidades e o que fazem de bom acabam ficando esquecidos. Dessa forma, é muito importante que as atitudes positivas também sejam elogiadas, e as negativas observadas de forma eficaz, a fim de obter resultados.

Para que pais e filhos convivam de maneira saudável, é preciso que os responsáveis pela criança também cuidem de si. Como o TDAH tem causas genéticas, não se deve descartar, inclusive, que mãe ou pai possuam o transtorno, o que requer ainda mais cuidados e disposição para enfrentar os obstáculos do dia a dia.

Existem grupos de apoio organizados para pais de crianças com TDAH, em que eles receberão e darão conselhos, poderão desabafar e compartilhar experiências.

Outro fator a ser levado em conta pelos pais é que o portador age involuntariamente: ele quer se sentar calmamente, deixar seu quarto arrumado e organizado, deseja poder fazer tudo o que a mãe diz que precisa ser feito. No entanto, não sabe como fazer essas coisas acontecerem. Na prática é preciso falar e ensinar inúmeras vezes, ajudar a criança a achar o próprio caminho para organização, que muitas vezes é diferente da organização ideal dos pais. Além disso, o diálogo entre todos os envolvidos é essencial, em especial para as crianças que agem por impulsividade. Por exemplo, é importante mostrar que, quando estamos conversando ou falando ao telefone, ela não deverá atrapalhar. Se for necessário, os pais podem fazer uma plaquinha de sinalização para usarem até que a criança aprenda por si só a controlar esse impulso.

No dia a dia

O tratamento dessas crianças deve ser pensado em três pilares: a psicoeducação; as psicoterapias — que aí depende da criança, para saber do que ela precisa —; e a psicofarmacoterapia, que são os remédios. A primeira é extremamente importante: os pais devem ter uma atitude curiosa, de ler sobre o assunto, se informar, buscar informações em sites confiáveis.

É preciso ter uma atitude proativa e lembrar que os profissionais da saúde podem ajudar muito, mas eles não substituem o papel da família. Assim, é necessário que se converse o tempo inteiro com os pais sobre qual a importância da adesão ao tratamento e de seguir as recomendações, pois, sem isso, tudo fica comprometido.

No caso das psicoterapias, é um fator essencial avaliar do que a criança necessita, se é um acompanhamento individual, familiar, fonoaudiológico ou psicopedagógico, tudo vai depender do quadro do transtorno. Já no caso do terceiro pilar, na maioria das vezes, a psicofarmacoterapia contribui muito para a melhora do paciente.

Sobre as atitudes condenáveis diante da criança com TDAH, é necessário levar em conta que ela pode evidenciar algumas frustrações, em especial quando há histórias de insucessos escolares, relacionamentos sociais fracassados e problemas no trabalho durante a fase adulta.

Muitas vezes, crianças e adolescentes com o transtorno podem parecer inquietos e tentar fazer várias coisas ao mesmo tempo, além de tenderem a preferir soluções rápidas, em vez de fazer um planejamento. Isso pode trazer um desconforto para os pais e resultar em atitudes pouco favoráveis: alguns castigam, agridem física e verbalmente, e causam feridas ao pontuar mais os erros do que acertos. Esse reforço negativo rebaixa a autoestima das crianças, e isso pode ser até pior do que o transtorno. Com empatia e suporte, os pais podem gerenciar o TDAH de forma positiva.

Porém, uma das maiores dificuldades dos pais é administrar um lar onde um membro demanda mais atenção de que todos os outros. Isso pode ser tão desgastante quanto intervir a favor da criança no ambiente escolar.

A criança com TDAH, no geral, tem pouca noção de como ela é percebida pelos outros e continua com suas "travessuras" até que essa percepção aumente com o decorrer do tempo. Uma simples brincadeira pode se tornar uma verdadeira guerra.

Então, é necessário que os pais estejam prontos para ver e ouvir o que estiver acontecendo em casa. Ser sensível com a criança que não tiver o TDAH também é importante, para que ela não se sinta injustiçada, sozinha ou deixada de lado em nenhum momento. Relembrar a criança que ela é amada da mesma forma que o outro filho é um caminho para amenizar as falhas que sem querer virão. Para ambos será interessante ensinar a reconhecer os sentimentos ruins, assim como elogiar quando houver um bom relacionamento.

Uma dica para os pais é colocar os filhos em horários diferentes na escola, por mais difícil que seja administrar a rotina diária em uma situação assim. Isso porque o tempo com cada um deles é diferente e todos precisam dos cuidados e atenção parental. Enquanto um precisará de apoio com as terapias, o outro vai querer ajuda com a lição de casa, por exemplo.

Como melhorar a vida das crianças com TDAH?

1) Ter sempre um tempo disponível para interagir com a criança;

2) Incentivar as brincadeiras com jogos e regras, pois, além de ajudar a desenvolver a atenção, permitem que a criança consiga se organizar por meio de regras e limites e aprenda a participar, ganhando, perdendo ou mesmo empatando;

3) Quem tem TDAH pode descarregar sua "bateria" muito rapidamente. Se este for o caso, recarregue-a com mais frequência. Alguns portadores precisam de um simples cochilo durante o dia, outros de passear com o cachorro, passar o fim de semana fora, e ainda de praticar ginástica ou futebol. Descubra como a "bateria" do seu filho é melhor recarregada;

4) Evite ficar o tempo todo dentro de casa, principalmente nos fins de semana. Programe atividades diferentes, não fique sempre fazendo

a mesma coisa. Leve todos à praia, ao teatro, ao cinema, para andar no parque, enfim, seja criativo;

5) Estabeleça cronogramas, incluindo os períodos para "descanso", brincadeiras ou simplesmente horários livres para se fazer o que quiser. Nenhuma atividade que requeira concentração (estudo, deveres de casa) pode ser muito prolongada. Intercale coisas agradáveis com tarefas que demandam atenção prolongada (potencialmente desagradáveis, portanto);

6) Procure sempre perguntar o que a criança quer, o que está achando das coisas. Não crie uma relação unidirecional. Obviamente, os pedidos devem ser negociados e atendidos, no que for possível;

7) Use mural para afixar lembretes, listas de coisas a fazer, calendário de provas. Também

coloque algumas regras que foram combinadas e promessas de prêmio quando for o caso;

8) Estimule e cobre o uso diário de uma agenda. Se ela for eletrônica, melhor ainda. As agendas devem ser consultadas diariamente.

Mundo digital

As crianças têm preferido cada vez mais utilizar celulares e tablets para brincar. E, com razão, a maioria dos pais e responsáveis se questionam se essa conduta não poderia ser prejudicial à saúde, principalmente à concentração.

A boa notícia é que, embora muitos argumentem que os jogos podem ter efeitos prejudiciais ao usuário, não existe pesquisa que relacione o efeito das tecnologias atuais com a ocorrência de TDAH. Mais do que isso, na verdade: pessoas engajadas em jogos digitais têm demonstrado um melhor desempenho em uma série de habilidades cognitivas, como atenção, processamento visual e funções executivas.

Dessa maneira, visualizam-se mais ganhos do que prejuízos, pois nem sempre algumas terapias à base de medicamentos contemplam todos os domínios cognitivos que precisam ser melhorados em uma pessoa com TDAH.

Os jogos podem estimular habilidades visuais e auditivas, além de promover melhor velocidade de resposta e de tomada de decisões. No entanto, apesar de auxiliar no processo terapêutico, não deve ser utilizado como única ferramenta e tampouco ser a única alternativa de diversão da criança. É necessário ter moderação!

Comorbidades

A palavra pode causar certa estranheza, mas comorbidade nada mais é do que o aparecimento de outras condições clínicas ao mesmo tempo. É muito importante que a saúde das crianças esteja sempre no foco de pesquisas, a fim de que a busca por melhorias na qualidade de vida desses pequenos seja constante. Assim como anunciar dificuldades de aprendizagem e atraso escolar, o Transtorno do Déficit de Atenção com Hiperatividade pode desencadear outros problemas.

No tipo desatento, traços de depressão e ansiedade talvez apareçam associados, e as crianças tendem a ser mais retraídas ou isoladas. Já no caso do quadro predominantemente hiperativo, há a probabilidade de os sintomas decrescerem com a idade, mas de surgirem comportamentos antissociais. Porém, é importante lembrar que os transtornos que podem afetar o desenvolvimento da criança e do adolescente nem sempre possuem uma relação com o TDAH, embora seja possível acontecer. A seguir, você conhece os principais:

Transtornos de ansiedade

O que leva uma criança a ficar ansiosa? A dúvida é comum, já que, infelizmente, esse não é um quadro patológico exclusivo da vida adulta. O problema pode surgir ainda na primeira infância — com bebês que ficam ansiosos sempre que se separam dos pais, por exemplo —, e se voltar para o desempenho escolar ou para o relacionamento com os colegas a partir de certa idade.

As crises de ansiedade podem acontecer também quando ocorrem mudanças significativas, como a chegada de um irmãozinho, ou ainda o falecimento de alguém próximo à. Porém, o limite da normalidade é ultrapassado quando o dia a dia da criança começa a ser prejudicado: dores de cabeça, vômitos, diarreia, palpitações, agressividade e medo em excesso são só alguns dos sintomas de que algo não vai bem.

Neste caso, é imprescindível uma avaliação médica e psicológica, para identificar qual é a verdadeira raiz do problema, e então iniciar o tratamento. Os pais, como figuras fundamentais na educação dos filhos, devem se informar e adequar suas atitudes de acordo com as necessidades apresentadas. Com um ambiente familiar seguro, respeito e acolhimento, os efeitos da ansiedade podem ser atenuados.

Transtorno de conduta

Mentir ou matar aula podem ser considerados comportamentos comuns, em especial na adolescência. No entanto, para avaliar quando isso deixa de ser normal, para se tornar algo patológico, é preciso observar se tais problemas ocorrem de modo isolado ou se representam um desvio de padrão constante. Para entender o diagnóstico, observa-se a tendência permanente para apresentar comportamentos que incomodam e perturbam, além do envolvimento em atividades perigosas e até mesmo ilegais.

Ele pode aparecer associado ao TDAH e surgir entre o início da infância e a puberdade, persistindo até a idade adulta, mas isso não é uma regra. Os portadores não apresentam arrependimento em suas atitudes, e não se importam em ferir os sentimentos alheios ou desrespeitar direitos. É como se eles não aprendessem com as consequências dos próprios atos. Quanto mais cedo o problema for diagnosticado, mais eficazes são os tratamentos.

Transtorno Bipolar (do Humor ou Afetivo)

Ocorre quando a pessoa apresenta estados muito distintos de humor e comportamento: vai do feliz, eufórico e excessivamente alegre para o deprimido. Essas alterações de humor podem constituir um transtorno, na medida em que aconteçam sempre e não apenas em função de uma situação desencadeante. Quando iniciado na infância ou adolescência, se não tratado, o transtorno pode desencadear prejuízos no desenvolvimento da criança: alteração no relacionamento com outros da mesma idade, tendência ao isolamento, contato com situações de risco, dificuldades no ambiente escolar etc. O tratamento deve ser psicofarmacológico e terapêutico, seja na modalidade individual ou com a participação dos pais.

Transtorno Desafiador de Oposição

Comportamentos negativos, hostis, desafiadores e desobedientes observados nas interações com adultos ou figuras de autoridade — de uma forma geral, com pais, avós e professores — podem indicar a presença do transtorno se for persistente no dia a dia da criança. Entre os sintomas estão: desafio e recusa a obedecer a regras, implicância e perturbação com as pessoas, perda frequente de paciência, ficar irritado, com rancor, com ideias de vingança e culpando os outros por seu mau comportamento.

É importante ressaltar que essas atitudes podem se manifestar em variados ambientes, mas é na escola e em casa que os sintomas aparecem com mais força. O desempenho escolar pode, inclusive, ficar comprometido, já que a criança se nega a desenvolver a maioria das atividades, principalmente as em grupo. No entanto, não existem aqui sérias violações de direitos e normas sociais, mesmo assim é possível que o problema se desenvolva para um Transtorno de Conduta e possa aparecer relacionado ao TDAH.

CONSULTORIAS

Adriana Serrano, *psicóloga;*

André Felício, *coordenador do curso de pós-graduação em Neurologia da Faculdade IPEMED de Ciências Médicas;*

Carla Cristina Adda, *neuropsicóloga do Centro de Reabilitação do Hospital Israelita Albert Einstein;*

Clay Brites, *pesquisador do Laboratório de Dificuldades e Distúrbios da Aprendizagem e Transtornos de Atenção (Disapre) na UNICAMP e professor do curso de pós-graduação de Neuropsicologia Aplicada à Neurologia Infantil da Faculdade IPEMED de Ciências Médicas;*

Eloisa Helena Rubello Valler Celeri, *psiquiatra do ambula-*

tório de Psiquiatria e Psicologia Médica do Hospital de Clínicas (HC) da UNICAMP;

Felício José Moreto, *coordenador psicopedagógico do Colégio Marista Arquidiocesano;*

Ilen Queiroz, *psicóloga;*

Julieta Mejia Guevara, *psiquiatra e diretora da Neurohealth, centro especializado no uso da técnica de Estimulação Magnética Transcraniana em pacientes com depressão e outras patologias de origem comportamental;*

Maria Aparecida Affonso Moysés, *médica pediatra e professora titular do Departamento de Pediatria da Faculdade de Ciências Médicas (FCM) da UNICAMP;*

Maria Conceição do Rosário, *coordenadora da Unidade de Psiquiatria da Infância e Adolescência (UPIA) e do departamento de Psiquiatria da UNIFESP;*

Maria Eduarda Vasselai, *psicóloga infantil;*

Moacyr Alexandro Rosa, *psiquiatra e professor da UNIFESP;*

Marília Gurgel de Castro, *psicóloga especialista em Saúde da Família e mestre em Psicologia do Desenvolvimento na Universidade de Coimbra, em Portugal;*

Monica Pessanha, *psicoterapeuta infantil e de adolescentes, mestre em Psicologia Clínica pela Pontifícia Universidade Católica (PUC), neuropsicopedagoga e mantenedora do projeto Brincadeiras Afetivas;*

Rafaella Silveira, *psicóloga;*

Roberto Débski, *médico e psicólogo;*

Sander Fridman, *psiquiatra do Hospital Adventista Silvestre;*

Silvana Frizzo, *neurologista;*

Simone Victório, *orientadora pedagógica do colégio Oficina do Estudante;*

Sylvia Flores, *professora de Psicologia do Centro Universitário Newton Paiva, de Belo Horizonte;*

Tamara Mazaracki, *médica ortomolecular e nutróloga;*

Thiago Blanco Vieira, *psiquiatra da infância e adolescência, mestre em Psiquiatria e Psicologia Médica UNIFESP, especialista em Terapia Cognitivo-comportamental para Crianças e Adolescentes;*

Vaneide A. Higa, *orientadora educacional do Colégio Petrópolis;*

Victor Massena, *neurologista do Hospital Adventista Silvestre.*

FONTES

ABDA. Associação Brasileira do Déficit de Atenção. Disponível em: www.tdah.org.br. Acesso em: 13 de set. 2023

ARMOR, Leila B.; GRIZENKO, Natalie; SCHWARTZ, George; et. al. Perinatal complications in children with attention-deficit hyperactivity disorder and their unaffected siblings. Journal of Psychiatry & Neuroscience. Disponível em: https://www.ncbi.nlm.nih.gov/pmc/articles/PMC551167/. Acesso em: 13 de set. 2023

BARRETO, M. A. M.; MOREIRA, S. C. Transtorno de déficit de atenção e hiperatividade: conhecendo para intervir.

Revista Práxis, V1, N.2, 2009.Disponível em: https://revistas.unifoa.edu.br/praxis/article/view/1123/1013. Acesso em: 13 de set. 2023.

BORDIN, Isabel A. S.; OFFORD, David R.Transtorno de Conduta e Comportamento Anti-social. Revista Brasileira de Psiquiatria, v.22, p.12-15, dez. 2000.Disponível em: https://www.scielo.br/j/rbp/a/6KyCKnGj4bHv7qBzXb-qWzzK/?lang=pt#. Acesso: 13 de set. 2023.

PROCAB. Serviço de Psiquiatria da Infância e da Adolescência — Programa de Crianças e Adolescentes Bipolares. Disponível em: www.ufrgs.br/procab. Acesso em: 13 de set. 2023.

SCANDAR, Ruben. Inquietos, Distraídos, Diferentes? Orientação e Conselhos para Pais, Educadores e Professores de Crianças com Déficit de Atenção e Hiperatividade. Editora Ediba.

Segunda edição (outubro/2023) · Segunda reimpressão
Papel de miolo Luxcream 70g
Tipografia Alegreya Sans, Bison e Visby
Gráfica Melting